Steidl

Günther Schwarberg

Im Ghetto von Warschau
Heinrich Jösts Fotografien

„Von dem Schreckenswort Seuchensperrgebiet an den Ghetto-Eingängen ließ sich niemand erschrecken. ‚Arische' Polen durften passieren, Juden nicht."

„Durch dieses Tor bin ich ins Ghetto gegangen. Ich wusste nicht, was mich erwartete."

„An den Ghetto-Toren standen immer polnische Polizisten und ein Wehrmachtsposten, dem die Polen ihre Ausweise vorzeigen mussten. Gleich hinter dem Tor standen Händler, sogar Kinder, und versuchten Kleinigkeiten zu verkaufen.

„Die polnischen Straßenbahnen fuhren mit hohem Tempo durch das Ghetto hindurch und durften nicht anhalten. Hier, am Tor an der Lezno-Straße, war gerade ein Polizeiwagen vorgefahren. Ich fragte mich, ob der Zivilist auf dem Trittbrett ein polnischer Spitzel sei."

Heinrich Jöst
im Ghetto von Warschau

Günther Schwarberg

Am 19. September 1941 hatte Heinrich Jöst Geburtstag. Der Hotelier aus Langenlonsheim in der Pfalz wurde 43 Jahre alt. Es war Krieg. Jöst war Feldwebel der deutschen Wehrmacht und im Warschauer Vorort Praga stationiert. Für den Abend hatte er Freunde und Kameraden zum Essen ins Hotel Bristol in Warschau eingeladen. Für deutsche Soldaten war das billig.

Tagsüber ging er spazieren. Sein Ziel war das Ghetto. Er war noch nie dort gewesen, hatte aber von schlimmen Zuständen gehört und vor der Ghetto-Mauer Leichen liegen sehen. Jöst nahm seine Rolleiflex mit, er war Amateurfotograf. „Ich wollte wissen, was hinter der Ghetto-Mauer vorgeht. Vorher hatte ich nichts von dem Furchtbaren gewusst, obwohl ich doch ein erwachsener Mensch war", sagte er später.

Groß war das Ghetto nicht. Heinrich Jöst stellte später auf seinen Bildern fest, dass er manche Personen mehrfach fotografiert hat. Zum Beispiel einen deutschen Feldwebel, der offenbar zum Einkaufen ins Ghetto gekommen war, mit einem einfachen Soldaten immer einige Schritte hinter ihm. Es gab hier billige Pelze, Kleider, Anzüge, Mäntel, Schmuck, Maschinen, elektrische Geräte, Fotoapparate. Die Juden verkauften ihr Hab und Gut auf den Schwarzmärkten. Sie brauchten Geld für Lebensmittel und Kohlen.

Alles konnte man im Ghetto kaufen, aber Lebensmittel waren um ein Vielfaches teurer als im „arischen Teil" Warschaus. Ein Brot kostete hundert Zloty. Die Lebensmittelzuteilungen waren für Juden auf 184 Kalorien am Tag beschränkt. Die Menschen im Ghetto hungerten und froren sich zu Tode.

Heinrich Jöst fotografierte Straßenhändler und Leichenträger, sterbende Kinder und gut gekleidete Frauen. Er staunte über die mit Menschen gefüllten Straßen. 500 000 Juden waren auf vier Quadratkilometern zusammengepfercht. Überall herrschte dichtes Gedränge, ganz besonders aber auf der großen Krochmalna. Hier hatte Isaac Bashevis Singer zehn Jahre seines Lebens verbracht. In seinem Buch *Eine Kindheit in Warschau* schrieb der spätere Literatur-Nobelpreisträger:

„Unsere Wohnung in der Krochmalna 10 hatte einen Balkon, auf dem ich oft viele Stunden stand und nachdachte... Die Häuser hier schienen noch höher als anderswo zu sein. Das Gedränge, Gestoße und Geschrei erinnerten mich an das Feuer, das ich einige Wochen zuvor in Radzymin gesehen hatte, und ich glaubte felsenfest, hier in Warschau sei auch ein Feuer ausgebrochen... In der Krochmalna wuchsen keine Bäume. In der Nähe von Nr. 24... stand ein Baum, aber es war weit von unserem Haus bis Nr. 24."

Als Heinrich Jöst im September 1941 seine Fotos machte, gab es diesen Baum nicht mehr. Alle Bäume im Ghetto waren abgeholzt und verheizt, den Juden stand der dritte Winter im Ghetto bevor. Aber das Menschengedränge auf der Krochmalna war wieder so groß, als sei ein Feuer ausgebrochen. Ein Jahr später war die Straße menschenleer. Im Juli 1942 begannen die großen Deportationen in die Gaskammern von Treblinka und die Menschen im Ghetto hielten sich, so gut es ging, versteckt.

Auf der Nowolipki-Straße stieß Jöst auf eine Gruppe von Jungen. Keiner von ihnen hatte Schuhe an, obwohl es an diesem Septembertag schon sehr kalt war. Sie saßen im Rinnstein vor dem Beerdigungsinstitut von Nathan Wittenberg. Es hatte den Namen „Letzte Hilfe".

Ein paar Häuserblöcke weiter wohnte damals der Historiker Emanuel Ringelblum. Mit seinen Mitarbeitern schrieb er die Geschichte des Warschauer Ghettos auf. Kurz bevor die SS 1943 das Ghetto in einer „Großaktion" dem Erdboden gleichmachte, vergruben Ringelblum und seine Helfer zehn Metallkisten im Keller seines Hauses – zehntausende Blatt Aufzeichnungen aus den Tagen der Naziherrschaft. Sie wurden am 1. September 1946 gefunden und befinden sich heute im Jüdischen Historischen Institut in Warschau.

Was Heinrich Jöst bei seinem Gang durch die Straßen immer wieder auffiel: Er wurde nicht angebettelt. Nicht einmal von den Kindern oder von denen, die nicht mehr lange zu leben hatten. „Das war wohl so, weil ich die deutsche Uniform trug."

Plötzlich aber stand er vor Juden, die er kannte. Sie stammten aus seiner Heimat. Aus Köln waren sie nach Polen abgeschoben worden. Sie berichteten ihm von der schrecklichen Fahrt nach Warschau. Er fragte sie nach seinem Nachbarn, dem Weinhändler Karl Mayer aus Langenlonsheim. Sie wussten nichts von ihm. Mayer war nach Amerika entkommen und hatte den Holocaust überlebt. Aber das erfuhr Jöst erst lange Jahre nach dem Krieg.

Jöst scheute sich, seine Bekannten aus Köln dort im Ghetto zu fotografieren. „Als ich gehen wollte, fragten sie mich: ‚Was soll denn nun aus uns werden?' Ich war damals so naiv, dass ich ihnen antwortete: ‚Wieso, was soll denn aus Euch werden? Der Krieg ist bald vorbei, dann ist die Sache hier zu Ende, und Ihr kommt wieder nachhause.' Ich hab' das damals wirklich geglaubt. Was anderes konnte ich mir nicht vorstellen."

Jöst ging an diesem Abend nicht mehr ins Bristol. Seine Geburtstagsfeier sagte er ab. Die Filme ließ er von einem polnischen Drogisten entwickeln und davon Abzüge machen. Er zeigte die Bilder niemand. Es waren Innenaufnahmen der Hölle.

Zur gleichen Zeit etwa wurden jedoch andere Fotos vom Warschauer Ghetto aus Polen und aus Deutschland hinausgeschmuggelt. Thomas Mann sah sie in Amerika und sagte im Februar 1942 in einer Radiosendung:

„Ich sah Händler, Rikscha-Fahrer, Passanten und einen deutschen Feldwebel auf der Nowolipki-Straße."

„Die Völker sind unterrichtet über das himmelschreiende Treiben der deutschen Herrenrasse in den unterworfenen Gebieten Europas, durch Photographien zum Beispiel, die aus Polen zu uns herausgelangt sind und ein Elend, eine Schändung des Menschlichen veranschaulichen, für die es keine Worte gibt: die geblähten Hungerleichen der polnischen Kinder, die fürs Massengrab zusammengeschmissenen Körper der tausend und abertausend im Warschauer Ghetto an Typhus, Cholera und Schwindsucht verendeten Juden."

Als Jöst aus dem Krieg zurückkehrte, verschloss er die Fotografien in seinem Schreibtisch. Erst über vierzig Jahre später, im November 1982, holte er sie hervor und gab sie mir zur Veröffentlichung im Magazin *stern*. Ich fragte ihn nach den genauen Einzelheiten jedes einzelnen Bildes. Mit seinen 84 Jahren konnte sich Heinrich Jöst nur schwer erinnern, und so wurden es lange Gespräche.

Ich fragte ihn: „Haben Sie Ihrer Frau von diesem Tag im Ghetto erzählt?" „Nein", sagte er, „zuhause konnte ich von diesen Erlebnissen nichts berichten. Ich wollte meine Angehörigen nicht in Verlegenheit bringen. Aber man denkt ja automatisch: Herrgott, was ist das eigentlich für eine Welt?"

Der *stern* mochte die Bilder lange nicht drucken. Ich gab sie der Holocaust-Gedenkstätte Yad Vashem in Jerusalem. Sie seien der größte Fund seit Gründung des Dokumentationszentrums, sagte dessen Archivdirektor Dr. Shmuel Krakowski. Yad Vashem stellte die Bilder Jösts im Frühling 1988 in Jerusalem aus und schickte die Ausstellung anschließend in alle Erdteile. Darauf entschloss sich auch der *stern* 1988, acht der Fotos zu drucken. Heinrich Jöst hat das nicht mehr erlebt. Er ist am 3. Dezember 1983 gestorben.

Jösts Fotografien lösten in der israelischen Bevölkerung eine überwältigende Anteilnahme aus. Hunderttausende sahen die Bilder. Angehörige entdeckten verlorene Familienmitglieder. 48 Jahre, nachdem die Aufnahme gemacht wurde, erkannte die Schriftstellerin Krystyna Zywulska ihre Mutter wieder, wie sie in einem hellen Mantel durchs Ghetto geht. (Bild 40) Ahron

„Es war ein einziges Menschengedränge auf der Krochmalna-Straße. Überall standen Wagen mit Kohl und Rüben."

Potschnik aus Tel Aviv stand plötzlich vor dem Bild seiner Mutter. Er schrie auf: „Meine Mutter, meine Mutter!" Menucha Potschnik sitzt neben dem Eingang eines Hauses und bietet ihre Waren auf der Straße an. (Bild 66) „Hier seht, Mutter verkauft eingelegte Gurken", rief er. Ahron erkannte sogar noch einen ihrer Körbe. Er stammte aus seiner Kinderzeit in Warschau.

Als Ahron Potschnik 1933 nach Palästina auswanderte, besaß seine Familie noch ein Geschäft für Herrenstoffe und wohnte in der Mila-Straße. Seine Eltern und fünf jüngeren Geschwister blieben in Warschau zurück. Die Mila-Straße wurde Teil des Ghettos. Anfang 1941 bekam Ahron übers Rote Kreuz die letzte Karte aus Warschau. Jahrelang suchte er nach dem Krieg nach seinen Angehörigen. Er hörte, dass der jüdische Widerstand im Ghetto seine zentrale Anlaufstelle in der Mila-Straße, genau gegenüber dem Haus seiner Eltern, eingerichtet hatte. „Da hatte ich dann kaum noch Hoffnung, dass einer von uns überlebt hat", sagte er mir, „wahrscheinlich sind sie alle im Ghetto umgekommen oder wurden in Treblinka vergast."

Das Bild von Menucha Potschnik vom September 1941 erhielt einen Ehrenplatz. Ahron Potschnik versammelte seine Kinder und Enkel und zündete eine Gedenkkerze an. Monatelang hatte er Albträume. „Aber ich bin diesem deutschen Soldaten dankbar, weil er mir ein letztes Lebenszeichen meiner Mutter gegeben hat."

„Auffallend war für mich, wie viele Jugendliche keine Schuhe trugen. Dabei war es an diesem Septembertag schon kalt. Im Hintergrund meines Fotos entdeckte ich später nach dem Vergrößern wieder diesen Wehrmacht-Feldwebel mit seinem Begleiter, einem Soldaten. Ich dachte mir, er hat im Ghetto einkaufen wollen, Schmuck vielleicht."

„Das war die Nowolipki-Straße mit dem Büro eines Beerdigungsunternehmers namens Pinkert."

„Dies war ein anderes Bestattungsunternehmen. Der Besitzer hieß Nathan Wittenberg. Zufällig habe ich hier wieder den deutschen Feldwebel im Bild."

„Überall im Ghetto fotografierte ich diese schwarzen Leichenwagen, denen ich dann später zum jüdischen Friedhof folgte."

„Es war für mich wie ein Bild aus dem Alten Testament, dieser alte Herr mit seinem Päckchen unter dem Arm, wie er doch sicher seinem Tode entgegenging."

„Der Mann verkaufte irgendetwas. Ich weiß nicht mehr, waren es Zigaretten? Wieder fiel mir auf, dass der kleine Junge barfuß war an diesem kalten Tag."

„Es sah wie ein Flirt aus, diese kurze Begegnung einer jungen Frau mit dem hübschen Polizisten, dazu waren die bettelnden Kinder im Hintergrund der Kontrast."

„Ein Bücherkarren mit Noten, alten Schwarten, zusammengebundenen Gesamtausgaben. Es wunderte mich, wie oft hier Passanten stehen blieben, um in den Büchern zu blättern oder zu lesen."

„Ich erinnere mich noch genau, dass ich mir damals überlegte: Wie können diese Leute Bücher kaufen, wenn sie nichts zu essen haben? Wo dieses Bild entstand, weiß ich nicht. Es gab viele solcher Bücherkarren."

„Mit geschlossenen Augen stand die Frau vor der Wand, an der halb abgerissene Plakate ein Sinfoniekonzert mit Szymon Pullman im Konzertsaal auf der Rymarska 12 und eine Veranstaltung im Cafè Ogrod auf der Nowolipki-Straße 36 ankündigten. Sie verkaufte gestärkte Armbinden mit dem Davidstern, wie sie jeder Jude tragen musste. Die Frau sah aus, als würde sie im nächsten Augenblick tot umfallen."

„Das war ein häufiges Bild, ich hatte Hemmungen, es zu fotografieren: Eine Frau mit einem Kind, das wohl krank war, saß barfuß und bettelnd auf der Straße. Sie sah mich nicht an."

„Ich weiß noch, dass dies auf einer ‚guten' Straße war, also einer mit vielen Fußgängern im Zentrum. Der Junge hatte eine Wunde auf der Nase, sonst sah er noch gesund aus. Aber er war barfuß, wie fast alle, und der Junge neben ihm mit seinen dünnen Riemenschuhen, der nicht bettelte, war eine Ausnahme."

19

„Auf dem Fußweg einer Nebenstraße sah ich dieses kleine Kind, das sich nicht mehr aufrichten konnte. Die Passanten gingen vorbei. Es gab zu viele solcher Kinder."

„Alles, was dieser Mann am Körper trug, war kaputt. Sein rechtes Bein war mit zwei Bändern abgebunden, als wäre es verletzt."

„Von mir erwarteten sie alle nichts, die kleinen Bettler wie dieser Junge mit seiner Mütze auf der Straße, barfuß."

„Auf der Nowolipki-Straße fotografierte ich diese bettelnde Frau mit den starren Augen, an der die Passanten vorbeigingen. Über ihr hing ein kleines Plakat eines Übersetzungsbüros auf der Nowolipki 44 für Deutsch und Russisch."

23

„Ich glaube, die Frau war Schwarzhändlerin und bot irgend etwas an oder wollte was kaufen.
Sie verbarg ängstlich den Topf vor mir und hatte wohl Angst vor einer Kontrolle."

„Ich glaube, der Mann schlief, als ich ihn fotografierte. Er hat sich die ganze Zeit nicht geregt."

„Der Mann spielte immer die gleichen Töne auf seiner Geige. Seine Augen folgten mir, ich weiß nicht, ob aus Angst oder weil er auf ein Geldstück hoffte. Ich glaube, das war auch auf der Nowolipki-Straße."

„Diese Frau muss tot gewesen sein. Ich habe sie längere Zeit beobachtet, sie bewegte sich nicht mehr."

„Vor dem Eingang zum Beerdigungsbüro saßen die Bettler auf der Straße, nur noch Lederhaut über den Knochen."

„Im Schaufenster des Fleischerladens lagen aufgestapelt Würste. Davor saßen hungernde Bettler."

„Ein Mann, ein Kind, beide ohne Schuhe, sahen mich an, schweigend. Vor sich einen Bettlerteller."

„Das war sicher mal eine Prachtstraße, mitten in dem Elend alles sehr sauber. Vor mir der Soldat, der seinen Feldwebel begleitete, eine Kartentasche und einen Fotoapparat in der Hand."

„Diese Straße hieß Karmelicka. Sie war besonders voll von diesen Rikscha-Fahrern."

„Es gab eine Pferdebahn und es gab die Rikschas. Die waren schneller, aber die waren auch teurer, sagte man mir."

33

„Ebenfalls in der Karmelicka. Kaum jemand ging auf der Straße, alle auf Fußwegen. Ein paar Leute waren richtig gut angezogen."

„Offensichtlich zwei wohlhabende Frauen, die sich von ihren Einkäufen zurückfahren ließen."

„Gelegentlich benutzten auch ärmere Leute dieses Transportmittel, von dem ich bisher gedacht hatte, so etwas gebe es nur in Indien."

„Ich habe diese Aufnahme gemacht, weil mir das Straßenbild so normal erschien. In der Mitte ein polnischer Offizier. Wären nicht die weißen Armbinden mit dem Judenstern gewesen, hätte man solch ein Foto damals auch in jeder anderen Stadt in Polen machen können."

„Auch hier schien das Straßenbild fast normal zu sein. Möbelgeschäfte, ein Maniküreladen, zwei Frauen mit Kinderwagen. Aber alle mussten sie diese weißen Armbinden tragen. Ich glaube, das war auf der Gerichtsstraße, die früher Lezno-Straße hieß."

„Dies war, meine ich, die Krochmalna. Ein alter Herr mit einer Aktentasche ging eilig über die Straße, als ginge er ins Büro. Vielleicht ging er wirklich. Mir fielen nicht nur die vielen Menschen, sondern auch die vielen offen stehenden Fenster auf. Wahrscheinlich lebten die Menschen so eng zusammengedrängt, dass sie laufend Luft brauchten."

„Ich wunderte mich, dass ich selbst im Ghetto gelegentlich ‚bessere Leute' sah wie diesen Herrn mit Ziertüchlein und Regenschirm und seine modisch gekleidete Frau mit Hut und Schmuck. Ich fragte mich, wovon sie leben mochten, und ein Jahr später fragte ich mich, ob sie wohl noch am Leben seien."

„Der alte Mann zog seine Mütze vor mir, als ich ihn fotografierte. Das passierte mir mehrmals. So war es den Juden wohl befohlen worden."

41

„Diese Frau im Kostüm mit der Tasche unter dem Arm und der Papierrolle in der Hand sah gepflegt aus. Ich weiß noch, was ich damals dachte: Darfst Du sie eigentlich fotografieren? Merkwürdigerweise habe ich das bei den schlecht gekleideten Menschen nicht gedacht."

„Was soll ich dazu sagen? Menschen über Menschen auf der Straße, kaum alte, die meisten sehr jung."

„Obwohl die meisten Menschen krank waren, sah ich keinen in die Apotheke an der Nowolipki-Straße hineingehen."

„Die Kinder waren am ärmlichsten angezogen, mit löcheriger oder nicht passender Kleidung, kaum eines hatte Schuhe an den Füßen, und man sah ihnen Hunger und Elend deutlich an."

„Äpfel und Birnen im Schaufenster hinter sich, wartete diese abgemagerte Frau auf ein Geldstück. Auf dem Straßenpflaster neben ihr saß ihr Kind."

„Vor einem Hut- und Mützengeschäft verkaufte eine Frau Salzgurken aus dem Glas. Sie hatte ihren kleinen Verkaufsstand mit Draht gegen Diebe geschützt."

47

„Dieser Mann verkaufte auf der Straße Brot und Käse. Die Kinder umlagerten seinen Glasschrank und konnten nichts kaufen."

„Dies war so ein kleiner Laden. Mir war der Name Grynbaum aufgefallen. Zwiebeln gab es, Sodawasser, Brot, Tütensuppen und Trockengemüse. Aber ich sah niemanden dort einkaufen."

„Mit der Küchenwaage wogen diese beiden Verkäufer Holzscheite und Anmachholz ab – wirklich: mit der Waage."

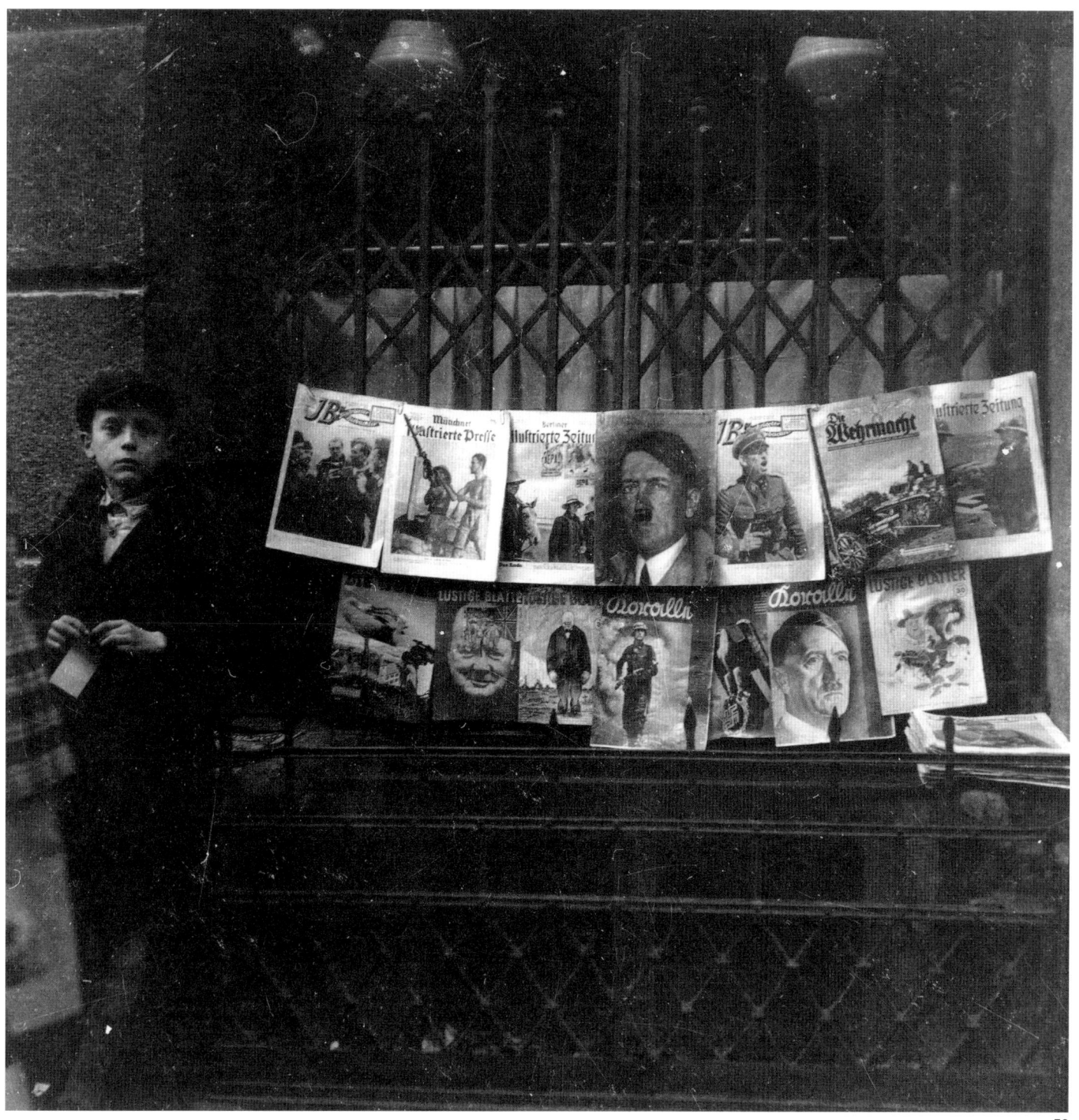

„Sogar aus alten deutschen Zeitschriften mit Hitlerbildern versuchte dieser Junge noch Geld zu machen. Gekauft wurde, während ich zusah, nichts bei ihm."

„Ich kann nicht sagen, auf welcher Straße dies war. Sie saßen ja überall herum, diese hungernden Kinder, die um ein wenig Geld bettelten."

52

„Mitten auf dem Bürgersteig saß diese abgehärmte Frau, um die sich niemand kümmerte, und bettelte. Erstaunlich war, von Zeit zu Zeit bekam sie etwas, obwohl es doch allen anderen auch so schlecht ging."

„Ich kam gerade hinzu, als vor einer italienischen Eisdiele – und sie war geöffnet – ein alter Mann zusammengebrochen war. Ein Passant und ein jüdischer Polizist versuchten ihm aufzuhelfen."

„Auf der belebten großen Eisenstraße, die polnisch Zelazna hieß, verkaufte dieser Mann Streichhölzer und Zigaretten."

„Das Gesicht dieses Bettlers auf der Krochmalna wirkte, als ob er lachte, aber das täuschte wohl.
Er hatte wunde Beine und einen umwickelten Fuß und stank entsetzlich, wie faulendes Fleisch."

„Der 19. September war ein kalter Tag, als ich diese beiden Mädchen auf der Krochmalna-Straße fotografierte. Man sah, dass sie krank waren und keine Kraft mehr zum Leben hatten."

„Das waren wohl Schwestern. Ob die Jüngere schon tot war, kann ich nicht sagen. Sie bewegte sich nicht."

„Diese Frau starb vor meinen Augen. Die Menschen standen herum. Keiner half ihr, weil wohl keiner helfen konnte."

„Dieser Junge hatte eine Jacke, die wohl aus einem Schaffell zusammengenäht und an vielen Stellen aufgeplatzt war. Er hatte es gut, verglichen mit den vielen Kindern in dünnen Jacken, die noch nicht einmal Schuhe trugen."

„Mit ihrer verbundenen Hand bettelte diese Frau für ihr Kind, das nichts zu essen hatte. Sie trug ein Kopftuch, war in eine Decke gehüllt, hatte aber keine Schuhe an."

„Neben einer Frau mit einem guten Mantel und Schuhen, die halbhohe Absätze hatten, stand dieser abgerissene Mann, barfuß, mit seinem barfüßigen Kind auf den Schultern."

62

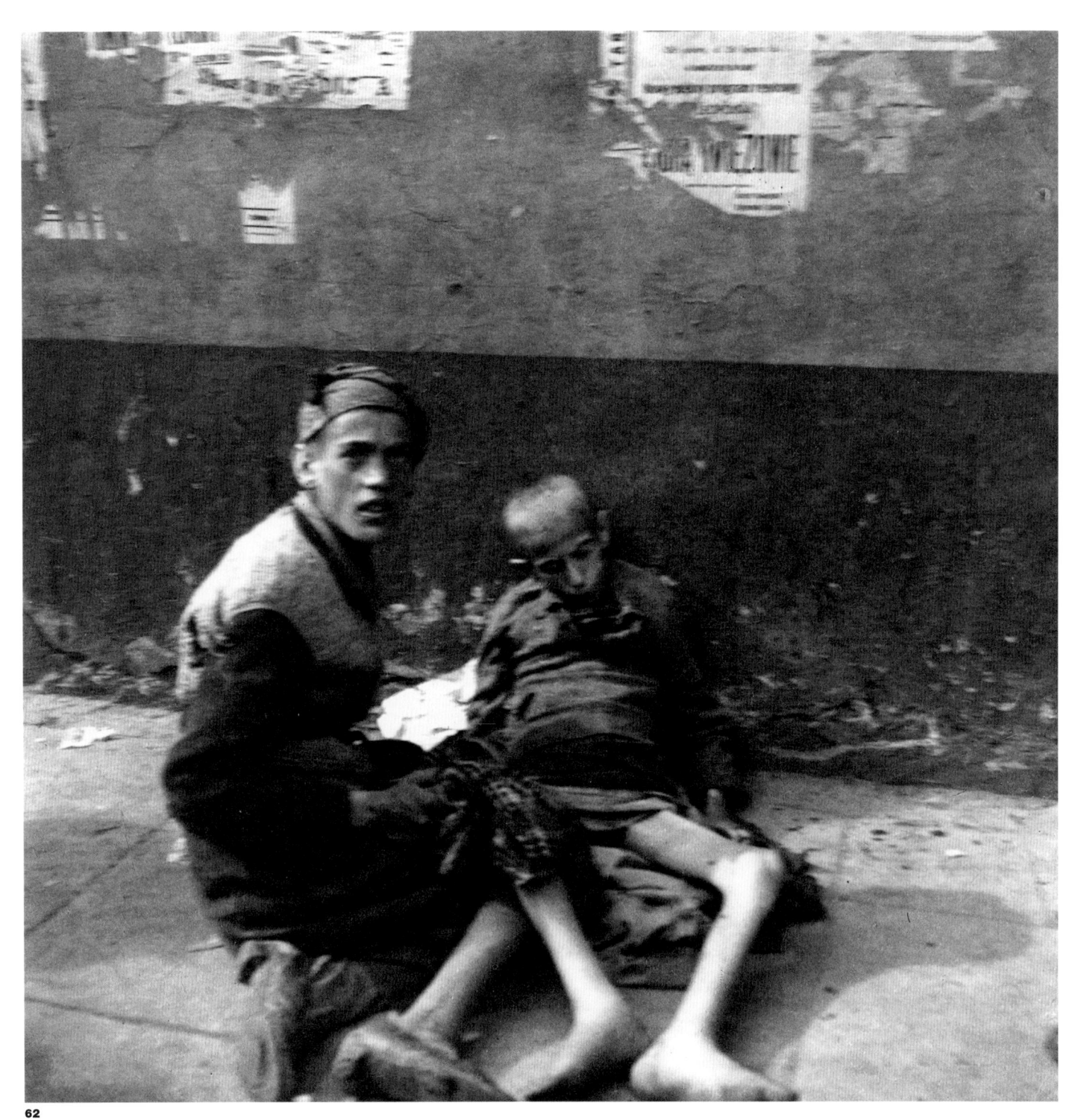

„Unter halb abgerissenen Plakaten von Veranstaltungen lehnte eine bewusstlose Frau gegen die Mauer. Eine andere versuchte, sich um sie zu kümmern. Sie sah mich an, als ob sie von mir Hilfe erwartete."

„Wohin mochte der Rikscha-Fahrer dieses Kind bringen, das wohl typhuskrank war? Gab es überhaupt noch ein Krankenhaus für Juden? Von meinen deutschen Kameraden konnte mir das niemand sagen."

64

„Leider verschwommen. Ich erinnere mich, dass die mir entgegenkommende Frau sehr gepflegt und jung wirkte."

„Wenn ich nach so vielen Jahrzehnten meine eigenen Fotos wiedersehe, frage ich mich, wer von denen wohl überlebt hat, die ich damals wie Spaziergänger auf einer der größten Straßen fotografiert habe. Die Frau und das Kind, das eine Puppe auf dem Arm trug, waren modisch gekleidet. Sie trugen auch keine Judensterne."

„Diese Frau bot irgendwelche Lebensmittel auf der Straße an. Ich weiß nicht, wo das war."

„Frische Brote waren hier im Schaufenster aufgestapelt. Ein Eimer mit Bohnen.
Pakete Liliput-Backpulver. Und ein Schild, dass auf ‚neue Karten' verkauft werde."

„Im Schaufenster standen Bohnen, Gries, Hülsenfrüchte, Salz. Eier lagen dort, sogar eine Packung Kaffee, aber ich wusste nicht, ob sie leer war. Käufer sah ich dort nie."

„Ein Stück Kohle wurde von dieser alten Frau mit der Waage abgewogen. Sie hatte außerdem Wurzeln und Kohl auf ihrem Verkaufskarren."

„Wo dies war, weiß ich nicht. Auf der Straße wurde frisches Brot verkauft, aber selten kaufte jemand etwas. Ein paar Schritte weiter verhungerten Kinder auf dem Straßenpflaster."

„Eine alte Frau mit einem leeren Krug, holt sie Milch? Gibt es die noch? Hinten rechts von ihr auf der anderen Straßenseite ein deutscher Soldat, Gewehr über der Schulter, strammer Stiefelschritt."

72

„Dasselbe Haus. Ich fragte mich, auf was warten die vielen Leute? Auf die Straßenbahn konnten sie nicht warten, die hielt nicht im Ghetto. Und überall die vielen Kinder ohne Schuhe."

„Das war ein Mann von der jüdischen Polizei. Die meisten Leute wichen ihnen genauso aus wie den deutschen Soldaten, obwohl die Polizisten nur Gummiknüppel hatten, und die Soldaten hatten Gewehre. Ich habe aber an diesem Tag keinen Schuss gehört."

„Ich glaube, dies war das einzige Mal, dass auch mir eine Bettlerin die Hand entgegenstreckte."

75

„Ich weiß nicht mehr, ob dies noch im Ghetto war oder schon außerhalb. Niemand trägt Armbinden mit dem Judenstern, auf dem Fußweg steht ein deutscher Gendarmerieoffizier."

„Wo dies war, weiß ich nicht mehr. Es war ganz normal, mitten in den zerbombten Warschauer Straßen viele Menschen zu sehen."

„Beeindruckend fand ich, dass auf dem Dach der Synagoge beim Friedhof die Gesetzestafeln aufgestellt waren."

„Decken, Handtücher, Socken, Mützen, Röcke konnte man auf dem Schwarzmarkt kaufen.
Die Juden lösten ihren Hausstand auf, um zu überleben."

„Die mit den weißen Armbinden, die Juden, waren die Verkäufer. Die ohne Armbinden, die Polen, waren die Käufer."

„Sie wollten auf dem schwarzen Markt alte Unterhosen, Schürzen, Beutel, Unterröcke, Tücher verkaufen. Aber wer kaufte das?"

„Den ganzen Arm voll neuer Pullover hatte dieser Mann. Er wollte mir wohl einen verkaufen."

„Hier standen die Menschen in einer langen Schlange zur Ausgabe einer Speisung an. Aus einer Türe wurde Suppe ausgegeben. Alle sahen sehr verhungert aus."

„Die Frau im Vordergrund reichte ihr Geschirr hin. Die Frau in der Mitte aß ihre dünne Suppe aus einem Blechteller."

„Nichts hätte man von dem brauchen können, was dieser Mann anbot. Alte Pfannen, Gewichte, angestoßene Schüsseln, einen alten Kessel. Aber er versuchte, auf jede Weise etwas Geld zum Leben zu bekommen."

85

„Wenn ich mich recht erinnere, habe ich dieses Foto vom Ghetto aus auf das Tor 4 gemacht. Im Hintergrund Wohnhäuser des ‚arischen Teils' von Warschau."

„Ein jüdischer Hilfspolizist nahm jemanden fest und brachte ihn weg, wahrscheinlich einen Schmuggler. Dies Bild ist auf der Okopawa entstanden. Sie wurde damals Dammstraße genannt und war die Grenze zwischen Ghetto und Friedhof."

„Dies war der Eingang zum Friedhof. Auch dort wurde gebettelt und verkauft. Eine Frau bot Lotterielose an."

„Idyllisch mit Efeu bewachsen war das Eingangstor zum jüdischen Friedhof. Als ich davorstand, wusste ich nicht, was ich dahinter sehen würde."

„Die Leichenwagen hielten hinter dem Eingang des Friedhofs des Ghettos. Rechts im Hintergrund ist das Tor. Dort war die Kontrolle."

„Zwei Holzkisten mit Toten warteten auf die Beerdigung, und im Hintergrund warteten auch die Familienangehörigen."

„Dieser Mann machte auf dem Friedhof eine Buchführung der Toten aus den Leichenkarren."

„Auf diesem Platz hinter dem Friedhofseingang hielten die Leichenwagen und wurden dort entladen. Später hörte ich, dass viele Wagen doppelte Wände und Böden hatten, mit denen Waffen ins Ghetto geschmuggelt wurden."

„Viele Holzkisten, die sie als Särge verwendeten, waren so schlecht zugenagelt, dass man durch die Ritzen die Leichen sehen konnte."

„Nur die besseren Toten hatten Kisten, die anderen..."

„... die anderen waren allenfalls in Tücher gehüllt. Ein Kind, sicher noch keine dreizehn Jahre alt, fuhr einen der Leichenkarren. Gleichaltrige sahen ihm zu."

„Die meisten Toten wurden ohne jede Verhüllung zu den Massengräbern gebracht."

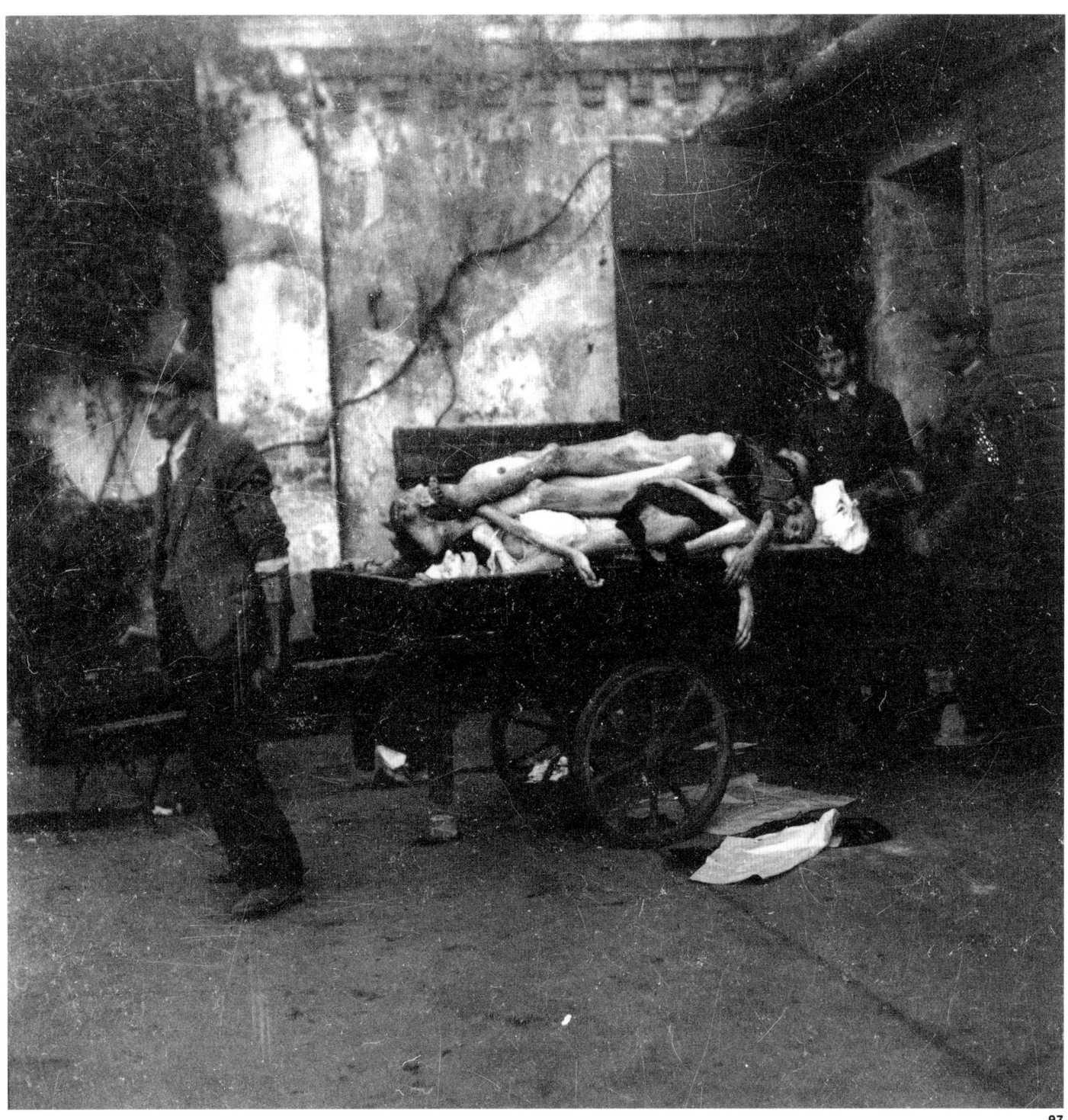

„Wieder kam eine Fuhre mit Toten, so voll, dass die Leichen überhingen. Ich dachte, gleich muss eine herunterfallen."

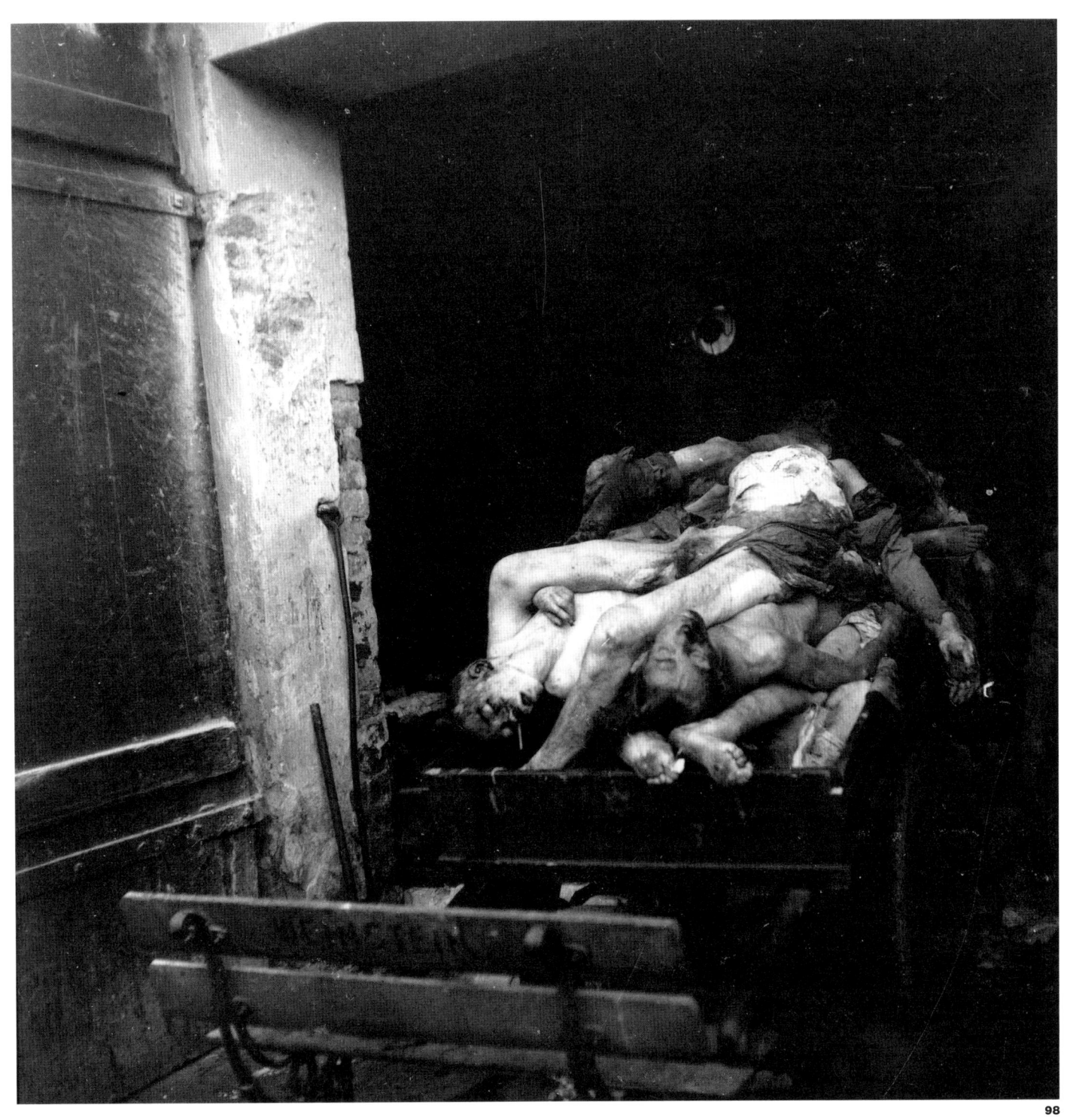

„Einer der Leichenträger des Beerdigungsunternehmens Weinstein öffnete mir die Tür des Schuppens zum Fotografieren. Es war ein entsetzliches Bild. Drinnen standen lauter Karren, auf denen Leichen aufgehäuft waren."

99

„Manche Karren waren schon entladen, und die Toten lagen auf Holzrosten. Manche, aber nicht alle, hatten einen Namenszettel am Fuß."

„In der Leichenhalle standen Blutflecken auf dem Fußboden, und manche Leichen trugen Spritzer von Blut. Ich konnte aber in der Dunkelheit keine Spuren von Schüssen erkennen."

„Die Arme der Toten, die an den Seiten des Leichenkarrens herabhingen, bewegten sich.
Im Hintergrund das Eingangstor zum jüdischen Friedhof von innen."

„Ich dachte zuerst, dieser Tote sei ein kleines Kind. Aber die Leiche hatte graue Haare."

103

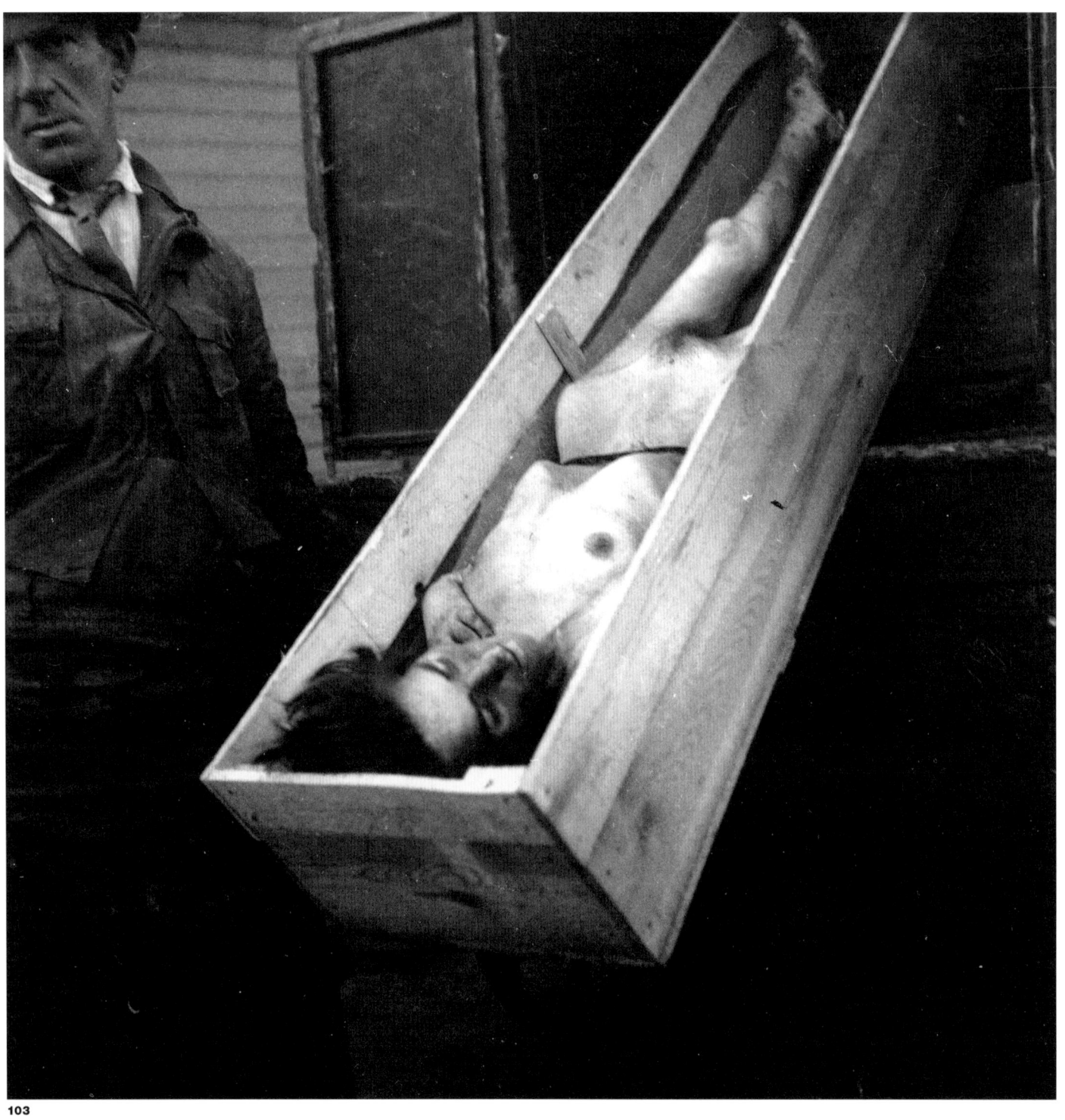

„Der Mann vom Beerdigungsunternehmen machte den Deckel der Kiste auf und zeigte mir die tote Frau."

„Er holte eine zweite Kiste mit einer toten Frau, wohl einer Greisin. Sie trug noch ein Hemd."

„Schwer war die Tote nicht, die der Leichenträger aus der Kiste geholt hatte. Die Frau konnte noch nicht alt gewesen sein mit ihrem vollen schwarzen Haar."

„Die meisten Leichen waren nackt, aber hier trug die Frau, die obenauf lag, noch ein Kleid oder einen Kittel. Eine andere hatte noch Socken an."

107

„Hier begriff ich: Die Kisten wurden zu Einzelgräbern gebracht. Die Karren mit den gestapelten Leichen fuhren zum Massengrab."

„Ich konnte nicht zählen, wie viel Tote auf solch einem Karren übereinander gestapelt waren. Zehn? Oder mehr?"

„Später, als ich diese Bilder betrachtete, fragte ich mich: Wie konntest du so etwas fotografieren?"

„Dies war eine ‚bessere' Beerdigung. Die Leiche wurde nicht mit einem Karren herangebracht, sondern in einem Tuch verhüllt getragen. Ihr folgte auch ein kleiner Zug von Angehörigen. Offenbar war es eine wohlhabende Familie – noch."

„Diese Beerdigung fand auch nicht auf dem Gebiet der riesigen Massengräber statt, sondern zwischen den hohen Grabsteinen. Am Grab wurde ein Totengebet gesprochen, Kaddisch."

„Dann wurde das Grab zugeschaufelt. Daneben reiche Familiengräber, auf deren gepflegten Grabsteinen in hebräischen und lateinischen Schriftzeichen von den Toten berichtet wurde."

113

„Ganz nah stand auch dieser schöne Grabstein mit einem Psalm aus dem Buch Mose."

„Von hier aus konnte man bis zum Horizont über ein riesiges Gräberfeld mit Grabsteinen blicken."

„Im Anschluss an das Gräberfeld lag das Gebiet der Riesengruben, zu denen Karren auf Karren gefahren und die Toten hineingekippt wurden. Auf diesem Karren lag obenauf ein kleines totes Kind."

„Drei Mann trugen die Leichen vom Karren zur Grube und warfen sie hinab. Einer schichtete sie unten auf."

117

„In der Grube lagen die Toten wie hinabgekippte Hausabfälle."

„Dann begann der Mann unten damit, die Toten in Reihen aufzuschichten. Sie durften nicht so viel Platz wegnehmen."

119

„Wenn ein Leichenkarren ausgeleert worden war, fuhr er wieder davon und der nächste kam schon."

„Es wurde schon dunkel und immer noch kamen neue Leichenkarren. Die Totengräber inspizierten die Grube, wie viel Platz noch unten war."

„Über die Wand am Grubenrand war Chlorkalk aus Säcken in die Grube geworfen worden. Und schon war wieder ein neuer Karren mit aufgestapelten Toten gekommen. Hinter den Grabsteinen sah man den Erdaushub eines neuen Massengrabes."

„Die Grube füllte sich schnell mit einer neuen Schicht Leichen. Die Leichenträger trugen merkwürdige Gummi-Handschuhe, die aussahen, als seien sie aus Holz."

„Der Mann unten stand mit Gummistiefeln im Chlorkalk. Er musste die Toten so raumsparend wie möglich nebeneinander legen."

„Der Junge ließ die Toten über den Rand in die Grube hinunterrutschen. Hinten steht ein deutscher Soldat und sieht ihm zu."

125

„Es war eine schwere Arbeit für den Jungen, die Leichen an den Rand der Grube zu ziehen."

„Dann ließ er die Leichen über die Kante in die Grube rutschen zu dem Mann unten, der sie nebeneinander aufschichtete."

127

„Inzwischen war ein zweiter deutscher Soldat gekommen, der bei dem Begräbnis zusah. Er hatte einen Fotoapparat."

„Oben am Bildrand sieht man noch die Stiefel der beiden Deutschen. Einer rief mir zu: ‚Fallen Sie nicht rein, *wir* holen Sie nicht wieder raus.' Die Grube war sicherlich mehr als fünf Meter tief."

„Mit seinen Schuhen trat der Junge den nackten Frauenkörper über den Rand in die Tiefe. Unten lag zwischen all den Leichen der Erwachsenen auch ein ganz kleines totes Kind."

„Der Junge zeigte mir, wie man mit den merkwürdigen Werkzeugen die Leichen anfassen muss, um sie hinunterzuwerfen."

„Sehr eng und ordentlich legte der Leichenträger die Toten nebeneinander und aufeinander wie in eine Schachtel. Dann bestreute er jede einzelne Schicht mit Chlorkalk."

„Wieder war er mit einer Totenschicht fertig, die nun mit Chlorkalk bestreut werden musste.
Ich konnte es nicht fassen, wie viele Menschen in einer Grube Platz fanden."

133

„Ich sah nun, welch tief liegende, kranke Augen der Leichenträger hatte."

„Die meisten Toten wurden nackt begraben, aber einige hatten noch Kleidungsstücke an, Hemden, Unterhosen, Tücher."

„Neben dem Massengrab, in das man die Leichen hundertweise hineingelegt hatte, wurde schon ein neues ausgehoben."

136

137

„Diese riesige Leichengrube war gerade frisch zugeschüttet worden. Der Boden setzte sich noch und hatte frische Risse. Im Hintergrund fand eine Beerdigung in einem Einzelgrab statt."